Originalausgabe

Herstellung und Verlag: BoD - Books on Demand, Norderstedt
ISBN: 978-3-7534-4473-4

Heimat der Arbeitstiere

malochen mit mathias

Arbeitstage

Montag Morgen
Ohne Sorgen
Lang gesessen
Sonntägliches nesteln

Alles aufgelöst
Stress entblößt
Montag morgens
Lächeln auf Arbeit

Blauer Montag

Montag früh ist in
Jedem Arbeiterleben
Kein einfacher Moment,
Der Welt zu vergeben.

Der Wecker klingelt
Und die Welt beginnt.
Innerlich fluchend
Grüßen wir lächelnd
All unsere Kunden.

McDoof

An der Kasse:
Wie ich es hasste!
Geld kassieren
Für ein korruptes
Unternehmen.

Ameisen

Jeden Tag
Aufstehen
Und zur
Arbeit gehen.
Jeden Tag
Derselbe
Trott.

Jeden Tag
Leben wie
Ein Arbeitstier.

Neben mir
Die anderen,
So wie ich:
Ein Teil
Des Systems.

Lebensgrundlage

Tag ein. Tag aus.
Derselbe alte Brauch:
Wir schuften und malochen,
Damit der Staat fortbesteht.

Tag ein. Tag aus.
Sind es unsere Rücken,
Hände, Köpfe, Gedanken,
Denen die Staaten
Ihr Leben verdanken.

Bausteine der Erde

Rangeklotzt!
Wir haben nicht schmarotzt.
Wir haben mit harter Arbeit
Unsern Platz in der Welt verdient.

Gewerkelt. Ungezärtelt.
Mit grober Hand. Brennenden Köpfen.
Der Stress wächst.
Wir haben nie aufgegeben.

Job

Frieden im Geist. Frieden im Herz.
Weg mit dem finanziellen Schmerz.
Weg mit der Welt, die mich versucht
Zu knechten mit gebrochenen Versprechen
Und mangelhaften Gesetzen.

Grauer Asphalt

Welt.
Strom der Straßen.
Arbeitsmassen.
Jeder von uns mittendrin.

Ich.
Lebe hier. Ein niemand.
Muss Geld verdienen.

Kapital

Ich bin befangen
Und auch gefangen
In dieser Welt
Ohne mein Geld.

Ich zähle nur,
Wenn ich genug
Bargeld hab´,
Mich an Waren lab´.

Heilsame Wochenenden

Strahlen, die kitzeln
Hinter dicken Vorhängen.
Puppen, die wickeln.
Kaffee in großen Mengen.

Ein freier Tag.
Strahlender Sonnabend.
Viele sagen Samstag.
Wir sollten immer frei haben.

Urlaubszeit

Auf geht's zur Reise.
Die Koffer sind gepackt.
Es ist des Sommers Weise.
Er wird andernorts verbracht.

Erstmal das Geld berappen.
Danach wird das Ziel gewählt.
Jetzt packen wir die Sachen.
Jeder Slip wird abgezählt.

Dann am Reiseort entspannen.
Die neue Atmosphäre einatmen.
Sinnlos am Strand versanden
Und in der Sonne braten.

Schlaftabletten

Wie Bettler leben wir in unserer
Wohlstandswelt. Ein einsames Herz
explodiert in einer Millionenstadt.
Niemand hat sich was draus gemacht
Und sie hat sich einfach umgebracht.

Am Ende hatte sie kaum Geld.
Sie wurde in einem anonymen Grab
verscharrt. Sie hätte deine Mutter, dein
Vater, dein Bruder, deine Schwester sein
können. Die Welt ließ sie im Stich. Wir alle
haben versagt!

Arbeitsdruck

Träume verblassen.
Graue Herren übernehmen.
Ich beginne zu hassen;
Verfluche sogar mich.

Stopp! Nein!
Ich bin frei.
Das darf nicht sein!

Berufe

Dunkle Stund´ …
Wolken sind tief und schwarz.
Mit mir gerungen:
Das Leben ist hart.
Frei und mutig
Sei meine Niederlage bekundet.

Bessere Tage
Werden kommen.

Potsdamer Platz

Zombies, die marschieren,
Salutieren, ihren Habitus masturbieren;
Gehetzt von Terminen.
Fehlender Status schmerzt.
Kein Mensch mit Herz,
Der in dieser finanzierten Stadt
Nicht zerbricht
und sein wahres Selbst
Unwiederbringlich vergisst!
Für sie dich verbiegend
Ist deine Seele ausgetrieben.

Blut auf weißen Fahnen

Arbeitsqual entsteht aus
Falsch verstandener Arbeitsmoral
Oder einem Ausbeutersystem.

Konsument und Produzent vereint,
Bis einer weint.

Blutrote Tränen fließen.
Auf Inflation folgt Revolution.

Diese Kollegin

Ich hab die Ehre,
Dich zu treten,
Mich zu wehren
Und dir ins Gesicht
Zu spucken.

Ich habe den Anstand,
Laut aufzuschreien
Und mich mit aller Kraft
Gegen dein Unrecht
Aufzulehnen.

Ohnmacht

Diese Chefin sperrt mich ein,
hält mich fest und zwingt mich,
ihrer widerwillig zu dienen.

Frei will ich sein.
Frei sein zu fliegen.
Frei sein, um zu träumen
Und das Leben zu führen,
Nach dem mein Herz ruft.

Burn-Out

Aschfahl und krank.
Verletzt schleppe ich mich.
Mein Leben wankt
Und ich könnte fallen.

Das Gute trug ich
In meinem Herzen,
Dann traf mich
Bosheit anderer Menschen.

Mein Magen flau.
Lachen ist gestorben.
Mein Haar wird grau.
Ich möchte sterben.

gemobbt

Ein Rückzug
        zur rechten Zeit
befreit von
        weiterem Leid.

Eine Flucht
        rettet mich
vor der Un-Lust
        meiner Feinde.

Herr W.

Sehnig; der Tag.
Sein Gesicht;
Es nervt!

Herr W: der Konrektor
Mit den White-Power
Und Frauen-Witzen.

Geht eine Welt,
Ohne Chefs,
Auf Augenhöhe?

17

Montagmorgen

Immer schön zur Arbeit gehen
Und nach ihren Regeln leben.
Sie bestimmen deinen Tag.
Dein Leben liegt in ihrer Macht.

Höre, was sie sagen
Und wage nicht zu klagen.
Sei ihr williger Diener
Und ein Leben lang Verlierer.

Die Tage werden vergehen.
Du wirst sie nie wiedersehen.
Lerne selbst zu bestimmen;
Dann wirst du Glück finden.

die Welt der Massen

Aus Feuer geboren,
Zähmtet ihr uns.
Sprengt unsere Ketten.
Flieht ins Licht!

Ein brodelnder Vulkan;
Weite, wütende Schwingen.
Ein Sturm fängt an.
Versucht zu entkommen!

Massives Unrecht
In allen Windrichtungen.
Ein löchriges Netz
Ohne doppelten Boden.

Fron

Ach warum
Mach ich mich krum?

Für wen denn?
Für meinen Boss,
Der mich behandelt
Wie seinen Knecht?

Das ist nicht gerecht.
Ich scheiß drauf
Und geh saufen.

Hoch die Hände: Wochenende

Ein einfacher Tag beginnt.
- Samstag -
Der Tag, der für uns Arbeiter:innen
Größte Freude bringt.

Endlich frei von den Ketten,
Die unsere Vorgesetzten uns
Gern an die Füße gelegt hätten.

Zwei Klassen Medizin

Ein langer Tag
In einem endlosen Wartesaal.
Krankenschwestern arbeiten.

Die da kommt sofort dran.
Ich warte Stunden.
Privatpatientin Frau Doktor Vogel.
Ich las ein ganzes Buch,
Bis der Arzt mich untersuchte.

An meine alten Chefs:

Lug und Trug sind nun vorbei.
Ich habe euch die Macht genommen.
Einfach auf und davon,
Dass hab ich mich gemacht
Und euer Einfluss ist verschwunden.

Glockenmann

Wenn der Wecker morgens klingelt,
Denke ich oft, wie schwer es ist,
Jetzt aufzustehen.

Wenn die Schulglocke klingelt,
Sag ich oft den Schülern,
Wie schön die Pause war.

Wenn mich der Todesgott himmelt,
Fühl ich dann, wie schön es war,
Lebendig zu sein?

Zurück

Urlaub vorbei.
Leid!
Chefs sehen.
Innerlich übergeben.

Arbeiten.
Zeit zerreißen.
Wenn das Geld nicht wär´,
Läg´ ich am Meer!

Unbekannte

Hinter den Brücken
Tausend krumme Rücken,
Die sich bettelnd bücken.
Opfer der Gentrifikation.

Alte werden ausgesondert.
-Neu-Berlin-
Es zählen nur:
Reiche, Schöne, Junge.
Alle andern können
Sterben gehen:
Aber bitte leise!

KollegInnen-Gang

Jeder weiß, wie ich ticke
In meiner kleinen Clique.

Wir schützen uns vor Ränken.
Ich weiß, was sie denken.

Diese Clique ist mir teuer.
Wir zerreißen unsere Mäuler.

Nach dem Urlaub

Die Arbeit war hart.
Schon am ersten Tag
Wurde es mir zu viel.
Wie mir frei sein gefiel!

Ich bin in Geldnöten,
Also muss ich malochen.
Ich streng mich an,
Aber eigentlich bin ich
Der falsche Mann.

malochen stresst

Die Hektik der Welt frisst uns auf.
Wir sind Getriebene; gleich Schafen.
Der böse, gefräßige Wolf ist der Boss.
Peitschenschwingen sind Mahnungen.
Schmerz im Kopf – Schmerz im Bauch!
Mich frisst meine Arbeit auf.

Mensch und Maschine

Auslastung der Maschinen.
Auslastung der Menschen.
Effiziente Maschinen.
Effiziente Menschen.
Dauerbetrieb bei Maschinen.
Dauerbetrieb beim Menschen.

Arbeitsschlund

Morgens gähnen.
Aufstehen.
Strecken und sich recken.

Den Rest des Mondes anheulen
Und sich freuen,
Nicht ausschlafen zu können.
„Witz"

Musik an.
Zähne putzen.
Flügel stutzen.
Losgerannt!

Geschäftsessen

Geld!
Zählt!
Beherrsch´
Unsere Welt!

Investition.
Kalkulierte Kondition.
Möglicher Gewinn
Verrinnt.
Ein Weilchen
Ziemlich feilschen.

Kommunizieren.
Diskutieren.
Die Hände reiben.
Den Gewinn einstreichen.

Finanzsklaverei

Am Morgen in der Bahn
Gefangen im alten Tran.
Kann der Routine nicht entfliehen,
Aber Freiheit muss siegen!

Bin der Lohnarbeit unterworfen.
Sie ist der Grund meiner Sorgen.
Sie hat das Band geknüpft,
Dass mich gefangen hält.

Wir sind des Lohnes Knechte.
Geld raubt uns unsere Rechte.
Ein Mensch ist, was er verdient.
Sonst bedeutet er nicht viel.

Blasen

Hintertürenlogik
Der Finanzjongleure.
Fette Derivate.
Boomender Wertpapierhandel.

Privatisierte Gewinne.
Gesellschaftliche Verluste.
Das Risiko trägt der Staat.
Manager werden satt.

Blasen platzen.
Spekulationsobjekt.
Lebensmittelpfand.
Tod in dritter Welt.

Tanz an der Börse.
Verlier deine Würde.
Streiche Gewinne ein,
Lass Rentner leiden.

Tamilen Reis

Ein Essen zu zweit.
Gespräche voller Lästerei.
Dicke Luft muss raus.
Frust hat sich aufgestaut.

Diese herzlose Chefin;
Ich werd sie nicht anbetteln!
Brauch einen neuen Job
Und verlass dieses Loch.

Harte Worte urteilen.
Hab aufgehört zu weinen,
Zähle nur noch die Tage,
Bis ich das Neue wage.

Arbeiterquartiere

Einsam
In einer Stadt mit Millionen.
Ameisen
Gesteuert von digitalen Maschinen.

Sie sind mit mir.
Eine Stahl-Beton-Mauer trennt.
Ich trommle gegen das Glas.
Nichts davon hören sie.

Wir leben in Höhlen.
Menschen gebauten.
Harte Stahlwände trennen.
Bildschirme sind der
Nabel zur Welt.

Geld regiert die Welt

Eine Goldmünze fällt.
Es zählt auch digitales Geld.
Macht dich zum wichtigen Mann,
Der etwas bewirken kann.

Ohne Geld wirst du sterben.
Sie werden Dreck nach dir werfen,
Wenn du nach Hilfe fragst.
Zahlen nicht mal deinen Sarg.

Hauptsache du hast etwas zu erben.
Wen kümmert es schon,
Wenn Millionen hungern und sterben.
Politik lebt von Korruption.

Senior

Ein blinder Fleck.
40 Jahre schuften.
Jetzt beim Amt kriechen
Für ein paar müde Kröten.
Für sie bist du armer, alter Speck.

Habt ihr auf ihre Hände geschaut?
Ihre Kraft hat das Land aufgebaut.

Wach endlich auf!
Wir haben sie gebraucht.
Jetzt brauchen sie uns.
Wir dürfen sie nicht vergessen.

12 Stunden Tag

Stundenlang.
Nächtelang.

Für die Arbeit. Für Geld. Für Miete.

Befehle annehmen, ausführen, abgeben.
Die Deadline sitzt im Nacken.

Gefeuert

Niemand wird dich retten,
Aber alle dich vergessen.
Lass ein paar Monde ziehen.
Niemand wird dich wiedersehen.

Niemand wird an dich denken
Oder dir etwas schenken.
Alles geht vorbei!
Da hilft auch kein Schrei.

Sieh hin!

Diese Welt darbt!
Darbt an Korruption.
Darbt an Lügen.

Keine Chance
Auf Gerechtigkeit.
Keine für die Armen.

Ausgebeutet.
Unterbezahlt.
Ausgegrenzt.
Vertrieben.

33

Marktwirtschaft

Schneller Schritt.
Ruck und Zuck.
Steh stramm
Für den Mann,
Der sich Chef nennt.

Nur gebraucht,
Um zu arbeiten.
Geld scheffeln.
Konsumieren.
Der neue Lebenssinn.

Abgezockt

Du böser Schuft. Dreckiger Hund.
Schufte mir die Hände wund
Und du, du stiehlst es mir.
Du Kanaille. Langfinger.
Hurensohn. Wichser.
Geh selbst arbeiten,
Statt uns zu bestehlen.

Täglich grüßt das Murmeltier

Stinkende Masse.
Volle Bahn.
Fluchtgasse.
10000 Mann.
Rush Hour.
Verkehrsstau.
Arbeiterschaft.

Ich will mein Leben zurück!

Echtes Leben:
Freiheit.
Freunde.
Familie.
Kunst.
Liebe.

Falsches Leben:
Geld.
Karriere.
Buckeln.
Unterordnen.
Heucheln.

Hart Arbeitende

Kleines Glück
Im Alltagspech.
Kleines Lächeln
Kann mich retten.

Harte Tage.
Gute Freunde.
Mit Kraft
Zum verschenken.

Lebenssaft
Ausgelutscht:
Vom Stress,
Vom Boss.

Kleines Glück
Im Arbeitstag.
Nette Kollegen
Retten mich.

Klamotten shoppen

Junge Kinder.
Opfer der Schinder.
Täglich schuften
In dunklen Schuppen.

In armen Ländern
Mit blutigen Händen
Nähen für Weiße.
Da gibt's Reiche.

Kaffeemaschine

Klatsch und Tratsch.
Ich mach mich nass
Vor lachen.
Lästern ohne Ende:
Lange Nasen finden,
Krumme Zehen und
Charakterschwächen.

Hektik

Rad fahren.
Bahn fahren.
Auto fahren.
Fliegen.
Beamen.
Teleportieren.

Schnell und schneller,
Zeit läuft weg.
Sieh den Terminen hinterher.
Nichts verpassen.
Alles für den Job.
Nichts für´s Leben.

Rattern

Gestrandet in meinem Leben.
Ungefragt bin ich hier.
Meine Probleme hab ich
Nicht eingeladen.
Ungebetenen Gästen gleich
Werd ich sie nicht los.

Jeden Morgen aufstehen
Und zur Arbeit gehen.
Den Sinn hab ich vergessen.
Ich glaub, es ging um essen.
Lieber würd´ ich chillen,
Statt zur Arbeit gehen.

Alt sein

Ein Urteil, das zerreißt:
Gesellschaftsbedingt werden
Alte arm.

Alte Arme.
Arme Alte.
Vergessen
Von der Welt,
Die sie erbauten.

Warten

warten
auf´s klingeln
warten
auf´s Wochenende
warten
auf Urlaub
warten
auf´s Gehalt
warten
auf´s Leben

Kopfschütteln

Ans Ende der Welt!
Fort von all dem Unsinn!

Steuern, Rechnungen,
Nächtelanges Arbeiten,
Vorschriften, Chefs,
Mobbing, Intoleranz,
Parteispenden, Müll,
Tierquälerei, Hass,
Umweltgifte und
Kinderarbeit.
...und so viel mehr!

18 – 67

Sie nehmen
uns.
Wir geben
alles.

Montag, Freitag.
Nachtschicht.
Licht in Sicht:
Rente.

Burn-Out

Magenkrämpfe.
Angstgeruch.
Furzdämpfe.
Wut.

Schicksalsschlag.
Unerwartet.
Harter Tag.
Entartet.

Sachbeschädigung.
Geschrei.
Verleumdung.
Es ist vorbei.

Ellenbogen und Bürokratie

Vom System gefickt.
Bürokratie erstickt.
Ganz ohne Gnade.
Zerdrückt wie eine Made.
Zu Boden geworfen:
Niemand hat mir aufgeholfen.

Büro-Kratie

Versicherungen und Verträge.
Es stapeln sich die Aktenberge.
Alles läuft per Schriftverkehr:
Der lebende Mensch zählt nichts mehr.
Computer sammeln riesige Datenmengen.
Diese Infos könnten Regierungen
sprengen.

Arbeitstag

Arbeiten.
Früh aufstehen.
Gut aussehen.
Sich professionell benehmen.

Arbeit ist ein halbes Leben.
Arbeit zum Überleben.
Sich damit arrangieren.
Als Vorbild fungieren.

Arbeiten;
Sich zwingen müssen.
Pünktlich erscheinen.
Die Maske aufsetzen.

Mietbonzen

Müde und erschöpft
Kehrt der Mensch heim.
Das Tagewerk geschafft,
genießt er das bezahlte Heim.

Sein Lohn gibt ihm die Macht
Und so mietete er sich ein.
Verliert er diese Finanzkraft,
Müsste er obdachlos leiden.

Jawohl

Bist du verrückt
Oder närrisch?

Wie konntest du so
Aus der Reihe tanzen?

Denk doch an die Ordnung,
Struktur und Disziplin!

Hauptverkehrsstrom

Rasen
Mit der Bahn
Voran
Keine Pause
Nur Stress
Hektik
Termindruck
Karriere
Job und Geld
Dann Burn-Out
und neue Welt

Führe mich, aber herrsche nicht

Leben und streben.
Sich Mühe geben.
Stürzen und fallen.
Wütende Fäuste ballen.

Alles allein aufbauen.
Die Bosse werden's dann
Wieder versauen.

Arbeiterbrüder und Schwestern

U-Bahnsteig,
Morgens früh.
Fast verwaist.
Nur wir Verrückten,
Die wir gleich schuften,
Stehen hier.

Würd´zwar gern verduften
In irgendein Urlaubsziel,
Aber grad fehlt mir das Geld.

Nach der Partynacht

Manchen Abend saß ich still am Bahnhof.
Es war eine gute Party und ich war
erschöpft. Da kam der alte Mann und
suchte Pfandflaschen. Dann kam die alte
Frau und bettelte um Geld. Dann kam der
behinderte Mann und war verwirrt. Dann
fragte ich mich, ob ich auch so ende.

Atemnot

Eine Million Menschen.
Einsamkeit in Großstädten.
Echte Nähe fehlt.

Leben wie Arbeitsbienen.
Gepfercht in Mietskasernen.
Endloses Menschenheer.

Armut und Reichtum.
Leben Tür an Tür.
Geld waltet und spaltet.

Alte Menschen sterben.
Alleinstehende Schwangere werfen.
Das Volk wächst exponentiell.

Boss Chefin

Sie bezahlen dich.
Sie denken, du gehörst ihnen.
Sie befehlen dir
Und denken, du würdest alles tun.
Sie kontrollieren dich
Mit der Macht des Geldes.
Sie begrenzen dich
Und wollen dir deine Freiheit nehmen.

Proleten und Proletinnen

Sie gaben mir Kugel und Kette.
Mag es auch nur bildlich sein:
Ich war ihr Sklave und Knecht.
Geknebelt durch das Geld.
Ausgeliefert auf Gedeih und Verderb.

Ich will frei sein und alle Ketten sprengen!

Kollegenschweine

Sie werden mich anstarren
Und von mir Antworten erwarten.
Sie wollen mich versagen sehen
Und mir meine Privilegien nehmen.

Sie träumen von meinem Scheitern,
Um sich darüber zu erheitern.
Sie wollen mich bekehren,
Damit sie alle verehren.

Ausbrennen

Einfach ausgebrochen.
Sich dann verkrochen.
Vor dem Stress geflohen.

In eine Welt ohne Sorgen:
Ein neues Leben starten
Und bessere Tage erwarten.

Arbeitszombies

Leben und doch schleichen
Und den anderen Zombies ausweichen.
Wir sind aufgekaufte Seelen
Auf der Lohnsklaverei Wegen.

Anzug, Hemd und Krawatten:
Dressiert sind wir wie Ratten.
Wir tragen, was sie wollen
Und tun, was wir sollen.

Wir sind zahme, dressierte Tiere,
Leben freiwillig in ihrem Gehege.
Gefangen in ihrer Welt Gedanken,
Akzeptieren wir willig die Schranken.

Moderne Arbeit

Unsichtbar und tödlich.
Schmerzend und nah.
-Stress-Stress-Stress-

Er fraß mich auf.
Fletschende, innere Reißzähne.
-bin gestresst-

Nimm und nimm.
Ausgehungerter Leib.
Leerer Kopf.
-Stresssyndrom-

Montag Morgen

Geschwänzt.
Die Pflicht an den Nagel gehängt.
Müßiggang.
Einfach gechillt abgehangen.

Ohne Tatendrang.
Lieber in den Park gegangen.
Freiheitsdrang.
Ist stärker als finanzieller Arbeitszwang.

Einkaufsbummel

Niemals endende Konsumberge.
Lange Flure der Shopping Särge.
Ewig drängeln sich die Kunden
An den Schnäppchentheken.

Der Kunde ist König.
Das Geld ist ihr Gott.
Umsatz ist das heilige Gesetz.
Geschäfte ihre Tempel:
Alles dient dem Warenfluss.

Postmoderne

Dieses Leben geht in kleinen Schritten voran. Ich zerbreche an meiner Bedeutungslosigkeit und der Größe meines selbstverliebten Egos.

In einer Stadt mit Millionen einsamer Seelen trotte ich wie im Nebel durch die Straßen. Endlose verblendete Irre, die Liebe suchen.

Die Mächtigen ziehen die Schnüre fester zu. Der Boden unter unseren Füßen kocht. Sie treiben die Miete hoch und vertreiben uns.

Unsere Familienbande sind längst zerbrochen. Der wirtschaftliche Druck verstreute uns alle. Geblieben ist ein mattes Sehnen an Feiertagen.

Ich trete einen Kieselstein und eine Dose. Ich suche nicht mehr nach dem Sinn. Es ist die Akzeptanz des Unausweichlichen.

Echtlebens Zombies

Tote schleichen an allen Ecken:
In ihren gestriegelten Anzügen
Sind sie einfach zum ablecken.

Streng gebundene Seidenkrawatten
Lassen sich als Strick missbrauchen,
Um das Leben bei den Eiern zu packen.

Echte Lederslipper poltern auf Parkett.
Scheinheilige Gesichter wirken nett.
Es sind nur Masken von Toten im Büro.

Arbeitsmarktgeschrei

Ein System fährt gegen die Wand.
Ihr alle wisst es und tut nichts.
Ihr lauft gerade aus, wie gebannt.
Es wird euch nicht retten.

Glaubt es oder nicht:
Wir hätten es besser machen können!
Eure Angepasstheit war Feigheit;
Angst sich zu befreien.

Zwei Welten

Weniger ist mehr,
Sagt der gebildete Millionär.
Isst wie ein Gourmet;
Hungern tut ihm nicht weh.

Aufgeblähte Mägen.
Todesgeier sitzen daneben.
Diese Kinder weinen
Über ihr endloses Leiden.

Harte Arbeit

Ein neuer Mann;
Der Alte wie verwandelt.
Alkohol, Drogen und Nutten
Sind Vergangenheit;
Ebenso die Schlägereien.

Mancher Mensch ändert sich,
Wenn er nicht an harter Arbeit
Zerbricht.

Ein Leben lang

Das tiefe Atmen.
Die Gesetztheit
Eines Menschen,
Der aus der Erfahrung
Harter Arbeitsjahre
Gewachsen ist.

Unterschätze nicht
Die Schultern jener,
Auf denen die Welt
Wirklich steht.

Uff de Maloche

Ik bin ne Lästaschwästa.
Hüt dich vor mir meen Jung.
Denn dit könnt brenzlich werd´n
Mit mich und dich,
Wenn du nich spurst,
Wie dit sich jehört!

Vor der Arbeit

Terror-Wecker.
Kreischendes Gemecker.
Zu früh!

Die Autos schreien.
Die Sonne sticht.
Ich will zurück ins Bett.

Traumreste wehen.
Putz mir die Zähne.
Sehnen nach einem Kaffee.

Neuer Chef?

Hoffnungen sind trüge.
Überzeugendes Portfolio;
Das gewinnt!

Krawatte und Hemd.
Selbstbewusst und trotzdem gehemmt.
Offene Frage:
Haben sie ein gutes Herz?

Liebes Rektorat

Lebend kriegt ihr mich nicht.
Mit aller Macht werd´ich kämpfen!
Ich ergebe mich nicht
Und werde euch zerstampfen.

Ihr seid der Feind der Herzen.
Ihr tötet die wahre Liebe.
Ich will euch mit Wahrheit bewerfen,
Bis ich euch besiege.

Geld. Welt. Zählt.

Der tiefe Fall einer freien Welt.
Einst zählten Menschenrechte.
Heute zählt nur noch das Geld.
Wo bleibt der Aufschrei der Gerechten?

Die Gerechten sind erstickt.
Der finanzielle Druck hat sie ruiniert.
Nicht wenige nahmen sich den Strick.
Ein paar letzte Zeilen – tränenverschmiert.

ausgebrannt

Fluten.
Das Stresslevel steigt.
Die Gedanken drohen überzufließen.
Gleich explodiert der Kopf.

Unwettersturm.
Druck gleicht einem Orkan.
Chefs sitzen im Nacken.

Mandat

Guten Tag Herr Anwalt
Hier ist meine Kreditkarte.
Bitte bedienen sie sich.
Nein, ich brauch nichts zum Leben.
Sie können mir alles nehmen.

frühs

Mann und Frau im Morgenstau.
Nur ein Bad – das ist die Plage.
Wer kommt wann dran?
Es ist ein morgendlicher Kampf.

Der Mann muss die Krawatte binden.
Die Frau die richtigen Klamotten finden.
Ein Volksfest ist weniger hektisch.
Jeder Morgen ist extrem chaotisch.

Die neuen Arierparagraphen

In dieser großen Stadt bist du nichts,
Wenn du nicht die Norm erfüllst.
Medienmogule stellen sie auf.
Riesige Reklametafeln verkünden die
Norm.
Jeder Mann und jede Frau bringt sich in
Form.
Denn erfüllt sie ein Mensch nicht,
Wird er exkludiert, ignoriert und
vertrieben.

Überstunden

Ein Spagat, der mich zerreißt:
Zwischen Arbeit und Leben.
Was soll der ganze Scheiß?
Ich will meine Freiheit spüren.

Ich bin ein Gefangener
In einem maroden System.
Wir sind alle Gestrandete
In diesem kaputten Leben.

Top-Job

Dazwischen atmen.
Hektik und Stress.
Job und Chef.
Wie er kuckt!
Denkt wohl, er wär´s?
Ich bin ein Mensch,
Mehr Wert als Geld:
Denn Geld ist Menschenwerk.

Sinnierende, blinde Arbeitstiere

Müde Rückblicke
Auf endlose Fehltritte.
Letztendlich der Rücktritt
Als echter Fortschritt.

Du bist Sinn befreit,
Also wage ich den Streit:
Dein ehrloses Sein
Geht in keine Tüte rein!

Meinen Versuch wagen,
Dann über die Stränge schlagen.
Du schlägst hoch den Kragen,
Aber solltest lieber Tschuldigung sagen.

Steine

Dort im Hort raubt man Kinder fort.
Raubt ihre Fantasie. Stiehlt ihre Liebe.
Lähmt sie zu träumen von einer Welt,
Die jedem Kind gefällt.

Man raubt diesen Wesen ihre sensiblen
Seelen. Kleistert sie aus mit tollem
Wissen über eine Welt, die sich selbst
Missfällt.

Aufsteigen

Harter Arbeit Lohn
Erstrebe ich.
Er ist der Thron
Der Welt, die
Mein Ziel ist.

Holen wir die Macht,
Die die sie hatten,
Haben´s vermasselt.

Flop Job

Es waren Wochen.
Wieder einmal.
Sie stecken in den Knochen
Und in den Knien.

Stress. Stress. Stress.
Der falsche Arbeitsplatz.
Ich fühle mich defekt
Und missbraucht.

Diese Menschen sind kalt
Und sehen nicht den Schmerz,
Den sie uns bereiten,
Wenn sie wieder sinnlos streiten.

-D-

Monate
5
Knechtschaft
Gebaut auf Lügen.

Sklaverei
Des Lohns.
Hohn.
In mir Ohnmacht.
Demokratie?
Was war das?

Sie.
Der Boss.
Kalt und hart.
Außen zart.
Lug und Trug.
Es überkocht
Meine Wut.

Rote Stiefel

Arbeiten und malochen
Für Geld und Brot.
Kreiert hat diese Not
Ein blindes System.

Menschen sind unsichtbar
Für ein System, dem die Augen fehlen
Und das kein Herz besitzt,
Dass mit den hart arbeitenden Massen
fühlt.

Diätmann

Sie trat
Nach mir
Bürokratisch.

Ihre Macht
Ist administrativ.

Selbst schwach,
Nutzt sie das System,
Um andere
Zu maßregeln.

Anonym

Es tut weh.
Dein Hass
Ist krass.
Ich lach jetzt,
Denn Karma
Schlägt zurück.
Dein Hass
Macht dich schwach.

Maschine

Tag und
Nacht
Geschafft
Für einen
Hohn von
Lohn.

Fühl mich
Ausgeraubt
Von einem
System, dass
Dafür gebaut.

Frei!

Ihr arbeitet heute.
Ich nicht!
Denn ich bin
Der Glückliche,
Der Urlaub hat.

Urlaub ist
Der Traum
Jeder Arbeitsbiene.

Urlaub zeigt,
Tief in uns
Ruft etwas
Nach Ruhe
Und Frieden.

Beziehung

Abends spät.
Wir.
Den Rest der
Zeit,
Bevor es ins
Bett geht.

2 Stunden.

So viel Zeit
Bleibt
Wegen der
Arbeitszeit.

Die wahre Welt

Wir tragen die Welt.
Wir! - nicht das Kapital.
Nicht die Hedgefonds
Oder Aktien.
Wir.
Wir Angestellten, Arbeiterinnen,
Bürokräfte, Sekretärinnen und
Facharbeiter.

Lohnarbeit

Wir rackern
Und ackern.
Dieses Land blüht
Auf unseren Schultern.
Wir sind der
Schmierstoff
Im Getriebe.

Wir sind das
Ganze Netzwerk
Und der Klebstoff,
Der alles zusammen-
hält.

Chefs (und Chefinnen)

In ihren Augen war ich nichts.
Weniger als ein Blatt im Wind.
Sie sehen uns nur als eine Maschine,
Um ihren Willen auszuführen.

Aber ich bin mehr als ein Rad
In ihrem verrosteten Getriebe!

Krank

Ich bin krankgeschrieben.
Eine Farce. Halbe Lüge.
Eigentlich betrüge
Ich euch. Aber dieser Stress
Machte mich fett.

Ich will arbeiten, um zu leben
Und nicht leben, um zu arbeiten!

Weggerannt

Arbeit geschwänzt.
Ungewollt.
Hab´nen besseren Job.
Hier ist nur noch Zeit absitzen.

Ich kündige!
Ich geh.
Auf nimmer
Wiederseh´n.

Post-Moderne

Moderne Kriegsgebiete
Sind Büroräume
Und Fabriken.

Moderne Schlachtfelder
Sind Arbeitsfelder.
Der Feind ist besiegt,
Wenn sein Burn-Out winkt.

Bourdieu

Montag früh. Freitag Nachmittag
Und Nachtschicht.
Alles für´s Geld.
Für die Miete, den Strom,
Das Internet und
Bisschen Luxus.

Mich selbst? Brauch ich auch.
Was meinst du mit selbst verwirklichen?

Lebenssinn

Arbeit ist mehr als Geld verdienen.
Arbeit ist unser Menschenrecht.
Arbeit ist wahre Erfüllung
Und gibt Sinn im Leben.

Arbeit macht Spaß,
Aber nur wenn sie mehr ist
Als Gelderwerb und
Ökonomischer Zwang.

Sieg

Rumpelstilzchen:
So seh´ ich dich.
Bitch Boss.

Hat sich selbst
In den Boden gerammt,
Nachdem er verloren hatte.

So wie du verlierst,
Denn ich hab ´nen besseren Job
Und verpisse mich!

73

Demokratisch

Aus der Not
Nach Brot
Sich prostituieren
Und kastrieren.

Von dir
Liebe Demokratie
Erwarten wir,
Diesen Zustand
Zu beenden!

Berlins Schulen

Ich bin Lehrer in Berlin.
Das ist mein Beruf.
Schüler fürchte ich nicht,
Aber viele KollegInnen.
Was ich alles schon hab
Bei denen gesehen.

Vorgesetzte Minderwertigkeitskomplexe

Kennt ihr das?
Ja, ihr kennt´s!

Menschen, die ein bisschen
Macht erwerben
Und zu unseren Vorgesetzten
Werden.

Manche denken dann,
Sie wären es und fangen an,
Uns wie Dreck zu behandeln:
Bärnth, Bäsch, Diätmann,
Grandmann, Wulborg.

Alltäglich

Morgens Bahn. Abends Bahn.
Du im Auto: Stau.
Tagsüber arbeiten.
Nachts schlafen.
Bleiben nur
Wochenend und Strandurlaub
Zum Leben.

Senioren*

Jedes Ende ist ein Neubeginn.
Doch die Rente bringt kein Wiedersehen
Mit der alten Routine und dem Stress;
Genauso wenig mit dem Chef.

Frei? Wahrscheinlich,
Aber einige sterben und verderben
Bevor die Rente beginnt.

Wecker klingeln

Gefangen in einem Job.
Gebunden an einen Vertrag.
Es ist jeden Tag hart
Und dennoch wird gehofft.

Bald, ja bald kommt die Stunde.
Bald, ja bald kommt der Tag.
Dann finde ich etwas besseres,
Geh und komm nie mehr zurück!

Doppelgesicht

Bärnth außen; Lächeln im Sonnenschein.
Dahinter: fieser Grinch und Lehrerpein.

Mal wieder …
Schmerzen die Lider
Und das Herz.
Nur im Traumland wär´s
Mal ´ne nette Chefin.

Meyer

Kollegenschwein.
Kolleginnensau.
(Nichts gegen süße,
rosa Schweinchen)
Du regst mich auf.

Inkompetentes, nerviges Miststück.
Verzieh dich und
Reiz mich nicht.
Mit dir zu arbeiten
Ist die Pest!

Ende des Streits

Klassenkampf.
Wild entbrannt.
Jahrhunderte lang.

Ein Volk an Schaffenden.
Keine Klassen.
Unterschiede wohl,
Aber nur zeitlich begrenzte.

Streiks, Lohnkürzungen.
Geldes Würze.
Ende dieser Zeiten.
Lasst Fairness walten!

konferenzieren

Ihr wollt gute Lehrer sein?
Ihr wollt Kindern Güte lehren?
Ihr wollt das Land zur Blüte führen?
Seid doch selbst kaum erzogen
Und es fehlt euch an Empathie.
Ihr braucht nur ein fühlendes Herz
Und alles läuft.
Aber euer Unterricht erstickt!

Fasching

Anzug. Krawatte. Uniform.
Handwerkerklamotten. Kellnerin Parfum.
Für Geld schlüpfen wir
-du und ich-
Jeden Tag in ein Kostüm
Und verstellen uns.

Sie sehen uns nicht!
Sehen nur unsere äußere Form.
Sie sehen nicht,
Wer wir wirklich sind.

Kollegium

Kollegen nette, adrette,
Liebe, schöne, erträgliche
Und erbärmliche.

Jedes Kollegium hat ein
Drecksstück, dass an ihren
Schlechten Tagen, den Rest Energie
Aus jedem zieht, der ihren
Weg kreuzt.

Mon – Frei

Menschenleben.
Arbeiten. Arbeiten. Arbeiten.
Tag ein – Tag aus.
Samstags Schmause
Mit Alkoholbrause.

Schuften. Malochen. Ranschaffen.
Arbeitssachen.
Tragen …
Tragen einer Rolle.
Berufsrollen. Professionalität.
Nur eine weitere Maske.

Beurteilt

Ein neuer Boss.
Ein alter Boss.
Ein neuer Job.
Die alte Maloche.
Karriereloch
Zerbrochen.

Alt und hart.
Neu. Ungewiss.
Alt war es sie.
Kalt. Hart.
Unerbittlich.
Eine kalte Fratze
Getrieben von der Gier
Nach Macht.

Das Denkmal der anonymen, fiesen, machtgierigen Chefin

Ich küre sie zur schlechtesten Chefin
der Welt!

… aber ich weiß, da draußen sind
andere Menschen, die malochen, hart
schuften, und genau so viel Recht und
Horrorerfahrungen haben, ihren Chef zum
Schlechtesten der Welt zu küren.

Neuer Job

Ich bin der Neue.
Unbekannt.
Hab mich in die Mitte gesetzt.
In einem riesigen Raum.
Am Konferenztag.
Viele. Viele. Viele.
Menschen und
Fliegen.

Montags

Verurteilt mich;
Ich geh zum Arzt und schwänze.
Kein Geld der Welt
Ist es wert, solche Vorgesetzten
Zu ertragen.

Das ist ein reiches Land.
Wir sind hier frei.
Mein Glück verkauf ich nicht;
Für kein Geld der Welt!

Frei

Wochenende.
Hoch die Hände.
Aber etwas sitzt im Kopf:
Klopf-Klopf.

Unterbewusst in mir
Reibt es sich:
Das Arbeitstier.

futsch

Job Verlust
Ohne Verdruss
Neues Ziel
Liegt vor mir

Klar wird
Es hart
Noch bin
Ich zart

Das Leben
Wird es mir
Austreiben

Lebenszweck

Was wir alle suchen, ist eine
Aufgabe im Leben, die uns Sinn,
Kraft und Erfüllung bringt ...

über den Autor:

niemand,
niemals,
nirgendwo,
aber aus harter
Arbeit geschmiedet